AF453543

# L'HIVER MONDAIN

GEORGES RODENBACH

# L'Hiver Mondain

ILLUSTRÉ DE

## DEUX CROQUIS DE JAN VAN BEERS

A BRUXELLES

chez HENRY KISTEMAECKERS, *éditeur*

65, rue des Palais, 65

A Madame Edmond Picard-Olin

# L'HIVER MONDAIN

> Le *Réalisme* n'a pas l'unique mission de
> décrire ce qui est bas, ce qui est répugnant ;
> il est venu au monde aussi, lui, pour définir
> dans de l'écriture artiste ce qui est joli, ce
> qui est élevé, ce qui est bon, et encore pour
> donner les aspects, et les profils des êtres
> raffinés et des choses riches.
>
> DE GONCOURT.

# Mièvreries

A Jan Van Beers.

I

ES grandes Muses abolies
Si j'avais suivi leur conseil
M'auraient fait chanter le soleil,
Guérisseur des mélancolies.

Mais ma dolente muse, à moi,
Elle est mignonne, elle est phthisique ;
Elle fait un peu de musique
En se mourant d'un long émoi.

Elle est sentimentale et mièvre,
Son charme est artificiel ;
Si ses yeux sont d'un bleu de ciel
Elle met du rouge à sa lèvre.


Sa chanson n'est qu'un cri d'oiseau :
Poudrerizée, elle est fluette ;
Et c'est comme une statuette
Qu'a taillée un faible ciseau.


Sans cris virils, sans élans mâles,
Elle joue à son clavecin,
Puis s'accoude sur un coussin
Au fond du boudoir aux ors pâles.


Et rêve au milieu du velours.
Dédaignant les bruits de la rue
Dans la pénombre encore accrue
Par des rideaux épais et lourds.

## II

N'importe ! je t'ai préférée
Toi si pâle — comme un blanc clair
De lune — ayant un si bel air
Dans ta toilette de soirée.


Toi qui toujours revendiquas
D'une voix lente et maladive,
Pour un peu de gloire tardive
Le suffrage des délicats.


Dans ton boudoir orné de Sèvres,
Sur des coussins brodés et mous,
Je veux languir à tes genoux
Muse pâle des choses mièvres,


Faisant de nos amours défunts,
De nos rêves de toutes sortes
Des vers — comme avec les fleurs mortes
On distille d'exquis parfums.

Ainsi renaît l'âme des plantes
Et nous nous survivrons aussi.
Abondamment compensés si
L'une de nos strophes dolentes


Embaume toute une âme, un soir,
Malgré la mort, malgré l'absence.
Comme il suffit d'un peu d'essence
Pour imprégner tout un boudoir !

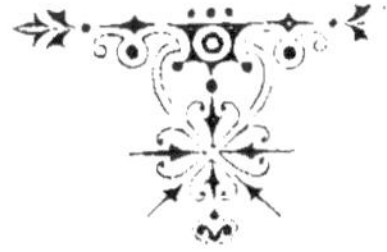

# Sincérité

J'AI voulu taire mes douleurs ;
J'ai voulu cacher ma tristesse
Et mon ennui profond. Était-ce
La peine de montrer mes pleurs.

Sur toutes mes rancœurs anciennes.
Sur les oublis et les dédains,
J'ai descendu mes goûts mondains
Comme on abaisse des persiennes.

Afin qu'aucun regard moqueur
Ne pût me voir et me poursuivre
Et savoir que des fleurs de givre
Pleurent aux vitres de mon cœur !

# En Soirée

A Jean Aicard.

Quand les plus mondains des poètes
Pour charmer leurs goûts délicats
Vont marivauder dans les fêtes
Au rythme lent des mazurkas,

Sous les plafonds tendus de soies
Ou peints d'Amours à la Watteau,
Pleurent en eux de tristes joies
Comme en un parc pleure un jet d'eau.

Pour compléter d'anciennes strophes
Ils vont s'inspirer aux trumeaux
Ou choisir parmi les étoffes
Des rimes d'or aux sons jumeaux.


Cela les rend mélancoliques
Et ni le luxe des salons,
Ni les danses, ni les musiques
Qu'alanguissent les violons,


Ni les fins pastels, ni les toiles,
Ni les lustres enjoliveurs
Comme une couronne d'étoiles
Que doublent les miroirs rêveurs,


Ni les robes où se devinent
Des corps de neige aux seins fleuris.
Ni les sourires que raffinent
Le fard et la poudre de riz,


Rien n'y fait ! nul charme n'opère :
Ils restent fiers et sérieux,
Et chacun d'entre eux s'exaspère
A subir son mal glorieux.

Et leur âme en proie aux névroses
Associe à leur sort celui
Des bouquets dédaignés de roses
Agonisant d'un long ennui,


Qui, sous la flamme des bougies,
Dans leurs vases ont à souffrir
Les amoureuses nostalgies
D'un sein de femme, où refleurir !


Eux de même, adossés aux portes,
Ont l'espoir d'un amour nouveau
Pour dorer leurs jeunesses mortes,
Clair de lune sur un caveau !


Puis ils sentent, comme une pieuvre
Buvant tout le spleen de leur cœur,
Le tourment béni du Chef-d'œuvre
Où s'inscrirait leur nom vainqueur !...


Ces rêves, leurs âmes fantasques
En ont toujours l'éclair joyeux
Comme dans le satin des masques
Luisent toujours les trous des yeux.

Mais ils gardent leur pâleur triste,
Cherchant tout au plus dans un bal
Cette jouissance égoïste
D'enrubanner leur Idéal.


Et même alors, dans les quadrilles,
S'ils vont, délaissant les fumoirs,
Au groupe blanc des jeunes filles
Mêler un peu leurs habits noirs,


A voir parmi les robes claires
Ces habits sombres s'accolant
On songe aux lettres mortuaires
Bordant de noir leur papier blanc.

# En Sourdine

A Sully Prudhomme.

Qui saisira le charme triste
Le charme subtil et dolent
D'un vieux parfum d'ylang-ylang
Dans un fin mouchoir de batiste.

Qui transcrira le bruit charmeur
Des musiques atténuées
S'évaporant vers les nuées,
Douces, dans un accord mineur.

Oh ! combien les choses lointaines
Troublent les sens extasiés !
Eloignons-nous des blancs rosiers
Et du jet montant des fontaines.


Car leurs odeurs, car leurs bruits d'eau
Auront ce charme, dans la brise,
D'une confidence surprise
Derrière les plis d'un rideau.


Oh ! combien les teintes pâlies,
Les mauves, les bleus et les blonds
Font palpiter dans les salons
D'amoureuses mélancolies.


C'est bien la grâce du pastel
Ce rêve du tableau, poussière
Où quelque mondaine princière
Sourit d'un sourire immortel.


Les nuances molles, éteintes
Ont l'exquisité des pâleurs ;
C'est la sourdine des couleurs
Et la perspective des teintes.

On aime l'effacement doux
Des mâts, sur la mer, et des voiles,
Et si l'on s'attache aux étoiles
C'est qu'elles sont si loin de nous !

# Caprices mignards

A FRANÇOIS COPPÉE.

—

## I

E n'aime pas les fleurs des champs,
Les fleurs des champs, ces paysannes
Qui promènent sur les penchants
Des talus verts — leurs caravanes.

Les marguerites, on dirait
Qu'elles ont des jaquettes blanches,
Et le moindre insecte indiscret
Les déshabille sous les branches.

Les bleuets sont en sarraux bleus
Et dans le blé vibrant qui bouge
Les grands coquelicots frileux
Ont sur la tête un foulard rouge.


Le parfum, c'est l'esprit des fleurs,
Mais les rustaudes n'en ont guères,
Et malgré toutes leurs couleurs
C'est un peuple de fleurs vulgaires.


Ce qui charme mes sens troublés,
Ce sont les belles fleurs de serre ;
Tels des papillons épinglés
Sous une vitrine de verre.


C'est la floraison au matin
Dans les serres ensoleillées
Des camélias en satin
Et des tulipes maquillées.


C'est tout le groupe en falbalas
Des jacinthes, ces vierges frêles,
Courbant leurs tailles d'un air las
Avec d'exquis parfums sur elles.

Elles sont le monde élégant
Et les fleurs aristocratiques :
Ainsi dans un coupé fringant
Des duchesses très lymphatiques


Qui sur des fonds de satin verts
Avec des allures altières
Ne sont visibles qu'à travers
La glace fine des portières !


## II


Je n'aime pas les chiens fougueux,
Les athlétiques chiens de ferme,
Ce tas de manants et de gueux
Nourris à peine, aboyant ferme.


Ils sont sales, puants, crottés
Tous ces bohèmes des grand'routes,
Dont les museaux se sont frottés
A tous les seuils, cherchant des croûtes.

Ils n'ont ni fierté, ni repos,
Se résignant leur vie entière
A faire avancer des troupeaux
Ou des charrettes de laitière.


Mais ce que j'aime, c'est plutôt
Les chiens de salon, les caniches,
Les levrettes en paletot
Ayant des canapés pour niches.


C'est le bichon aux poils frisés
Qui sur les tapis se pavane,
Qu'on peigne, en collant des baisers
Sur sa robe couleur havane.


Les petits chiens auxquels on met
Des colliers d'or, des faveurs bleues
En arrangeant comme un plumet
La touffe de poils de leurs queues.


Les chiens gâtés faisant des bonds
Pleins de gourmandise et de lucre
Pour s'attabler dans les jupons
Et manger des morceaux de sucre!...

## III

Je n'aime guère le grenier
De Béranger, et sa Lisette
Gâtant son profil printanier
Avec un bonnet de grisette.


Dans sa mansarde, sous les toits,
C'était une ignorante fille
Qui pour bijoux n'avait aux doigts
Qu'un dé de cuivre et son aiguille.


Elle offrait simplement sa chair
Comme une corbeille de roses ;
Mais nous voulons, le cœur plus fier,
D'autres amours pour nos névroses.


A des blasés voluptueux
Venus dans le déclin des races,
Il faut des boudoirs somptueux
S'ouvrant sur des parcs à terrasses.

Comme ceux que le Titien
Prolongeait devant les alcôves
Où quelque amant musicien
Déroulait de longs cheveux fauves !


C'est ainsi qu'il nous faut, à nous,
Des amoureuses élégantes,
Mais nous dérobons leurs genoux
Sous des toilettes provoquantes.


Car nos yeux sont lassés de voir
La chair désillusionnante,
D'une pâleur de ciel du soir,
D'une tristesse d'eau stagnante.


Qu'est-ce un beau torse que l'amour
Sur un lit a couché sans voile ?
C'est la lampe sans abat-jour ;
C'est le mât dégarni de voile.


Plus troublants sont les corps cachés
Dans le mystère des étoffes ;
Tels les rêves, mieux ébauchés
Sous le déroulement des strophes.

Telle encor — caprice élégant —
La main paraissant bien plus fine
Quand elle est prise dans un gant
Qui fait qu'à peine on la devine.


Aussi notre étrange idéal
Pour ces amantes raffinées
C'est qu'un soir, au sortir du bal,
Dans des chambres capitonnées.


Elles s'abandonnent sur un
Sopha de perse bigarrée
Au milieu d'un vague parfum,
— Avec leur robe de soirée !...

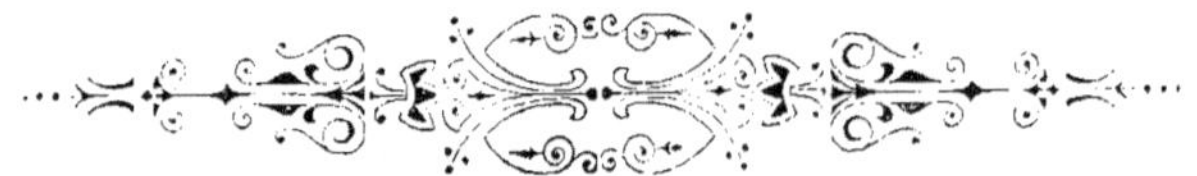

# Femme en Deuil

A Georges Eekhoud.

Très pâle, maladive et ses deux yeux creusés
Comme des trous de nuit où se meurt une étoile.
En grand deuil, et cachant sa langueur sous un voile,
Elle allait dans la neige avec des airs brisés.

Et la voyant passer je me disais : mon Ame
Est en grand deuil aussi dans le blanc de l'hiver,
Mais afin d'oublier tous deux le mal souffert
Il suffirait d'avoir l'amour de cette femme.

Car rien qu'à nous presser les mains quelques moments
Nous ferions une joie avec nos deux tourments !
Et tandis que je songe elle est loin disparue.


Dans le balancement mélancolique et las
De sa robe, on croirait, tout au bout de la rue,
Entendre agoniser sa marche comme un glas.

# Les Fêtes Galantes

(XVIIIᵉ SIÈCLE)

A ALBERT DELPIT.

1

'EST un coquet salon Louis-Quinze, aux panneaux
Tendus de soie à fleurs ou d'unis satins roses,
Et des bandes d'Amours joufflus dans les trumeaux
Dansent en se tenant par des chaînes de roses.

Un lustre de Bohême aux tulipes de feu
Eclaire vaguement, comme avec mignardise,
Les meubles chantournés de ce salon qu'un peu
De poudre maréchale errante emparadise.

Sur les murs un exquis portrait de Fragonard,
Et, tout près d'un Watteau que le portrait regarde,
Un pastel de Latour, ce dévot du même art
Où règne le Joli — comme un roi qui se farde.


Un tas de gens de cour passent dans ces salons
Essayant de nouveaux gestes devant les glaces,
En habits de velours, promenant leurs talons
Rouges, sur le parquet enrichi de rosaces.


Ils tâchent d'enjôler les Belles qui sont là
Aux noms doux, doux sonnants : Clorinde et Rosaline,
Tandis qu'un peu jalouse et folle, Viola
Agace leurs jabots de pâle mousseline.


On joue une ariette ancienne au clavecin
Et toutes sont en cercle, acceptant les hommages
— Leur éventail en main, les pieds sur un coussin
Dans les paniers bouffants de leur robe à ramages !...

## II


C'est l'heure du Petit Souper
Sur les terrasses qu'on festonne ;
Et tout là-bas, le ciel d'automne
Dans le brouillard va se draper.


Petit souper plein d'élégances
Où le sucre, aux gâteaux de prix,
A mis de la poudre de riz,
Et la confiture, des ganses.


Petit souper emmiellé !
Un luxe blanc d'argenteries
Forme sur les nappes fleuries
Comme un paysage gelé.


On échange du bout des lèvres
Des bouts d'aveux, et les amants
Madrigalisent leurs serments
Avec un tas de façons mièvres.

Boucher, pour être bien en cour
Et plaire aux convives illustres,
Peint un éventail sous les lustres
Pour la marquise Pompadour.


Il fait des angelots si roses
Et d'un coloris si vermeil
Qu'ils semblent vêtus de soleil
Et qu'ils semblent nourris de roses.


Gentil-Bernard, d'un air rêveur,
Dorat fade comme Clitandre
Disent chacun un sonnet tendre
Rythmé d'un geste enjoliveur.


Et les marquises peu sévères
Agacent d'un sourire ceux
Qui regardent les vins mousseux
Mettre de la dentelle aux verres.


Tandis qu'en ce joli festin
La gaité blanche des guipures
A mis comme des mousses pures
Sur les corsages de satin.

Les soubrettes font la navette
Fraîches dans leurs jupons collants
Et cachent des billets galants
Sous leur tablier à bavette.


Dans les glaces aux cadres d'or
La table tout en fleur se mire
Comme les flancs peints d'un navire
Mirés au fil d'une eau qui dort.


C'est l'heure où l'allée et venue
Paresseuse des éventails
Laisse admirer dans ses détails
Plus d'un coin blanc de gorge nue.


Les cœurs de femmes sont grisés,
Et voici que déjà leurs mouches
Montrent la route, au coin des bouches,
Que doivent prendre les baisers.

### III

Et là-bas des bosquets et des amphithéâtres
Enguirlandés de fleurs, pavoisés de rubans,
Où des noces, le soir, dans les vapeurs bleuâtres,
Au bruit des violons, dansent autour des bancs.


Berceaux embuissonnés de roses et de ronces
D'où s'élève à toute heure un amoureux conseil ;
Grands escaliers plongeant par delà les quinconces
Et qui semblent mener là-bas, dans le soleil !


Jardins corrects où l'herbe en fleur paraît coiffée,
Où sous le baldaquin du ciel, sur un rideau
D'arbres mondains, parmi la Nature attifée,
Les fontaines des parcs ont des panaches d'eau !


Et là-bas les étangs et les bassins placides
Où des cygnes de neige endorment leur fierté,
Ce pendant qu'à travers les branches translucides
Il pleut sur les chemins des gouttes de clarté.

Voici que la nuit tombe et les voix s'étant tues
On peut voir très longtemps, blanche dans ce décor,
La troupe des Amours de plâtre et des statues
Jouer sa pantomime aux sons lointains d'un cor !


## IV


Alerte ! les basses, les flûtes
Les tambourins, les violons !
Et la danse dans les salons
Enroule au hasard ses volutes.


Chaque couple, d'un air joli,
Suivant les lois de la gavotte
S'incline, s'élance ou pivotte
Sur la musique de Lulli.


Le vent des traînes élargies
Et le vent des éventails font
Danser aussi sur le plafond
La flamme errante des bougies.

Puis c'est un solennel menuet de Rameau,
Un menuet à deux reprises : et les danses
Mettent dans chaque coin comme un vivant trumeau
Dont les miroirs profonds redisent les cadences.


Les rythmes sont très doux, très graves et très lents
Et les petits abbés, durant la danse entière,
Petits abbés poudrés, petits abbés galants,
Tapotent de leurs doigts leur riche tabatière.


Et tandis qu'elles vont dans leur robe à paniers
Dansant et saluant, les duchesses de France,
On peut voir leurs deux pieds mignons et printaniers
Dépasser de leur jupe à chaque révérence.


On s'imagine alors voir des cloches, tintant
Des baptêmes de cœur et des messes de joie,
Avec le va-et-vient des mules pour battant,
Dans le vide embaumé de ces cloches de soie !

# Jardin d'Hiver

A Emile Van Arenbergh

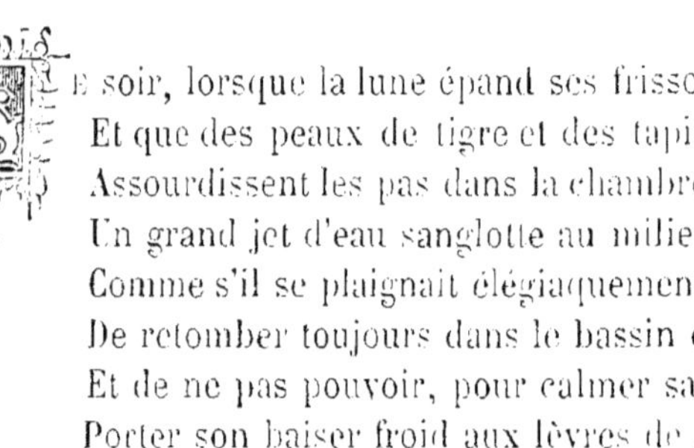

Le soir, lorsque la lune épand ses frissons bleus
Et que des peaux de tigre et des tapis moëlleux
Assourdissent les pas dans la chambre de verre.
Un grand jet d'eau sanglotte au milieu de la serre.
Comme s'il se plaignait élégiaquement
De retomber toujours dans le bassin dormant
Et de ne pas pouvoir, pour calmer sa rancune.
Porter son baiser froid aux lèvres de la Lune !

# Symphonie en blanc

A ARMAND SILVESTRE.

*Car je ne puis trouver parmi ces pâles roses*
*Une fleur qui ressemble à mon rouge idéal.*
                                        BAUDELAIRE.

I

ADAGIO.

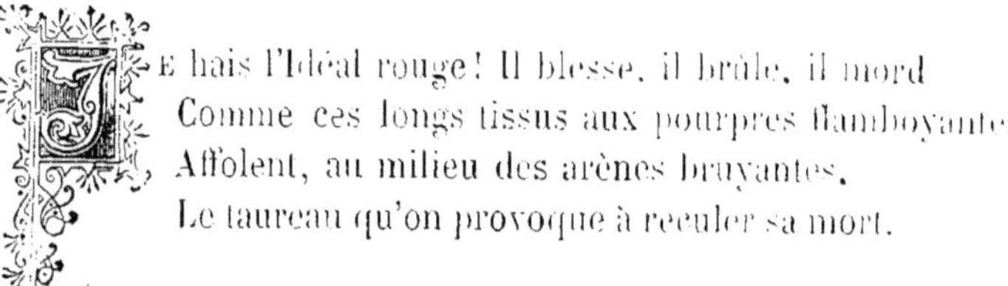

JE hais l'idéal rouge! Il blesse, il brûle, il mord
    Comme ces longs tissus aux pourpres flamboyantes
    Affolent, au milieu des arènes bruyantes,
    Le taureau qu'on provoque à reculer sa mort.

La flore de mes vers n'a pas la couleur mâle
Mais le morbide éclat qu'ont les fleurs des salons :
Et mieux qu'un soleil jeune aux rayons chauds et blonds
J'évoque un clair de lune alanguissamment pâle !

Ni les vices savants, ni les fortes vertus
N'ébranlent la langueur de mes nerfs détendus
Et mon art de poète élégant s'efférmine.


Seul comme un ostensoir oublié dans le chœur
D'une église effondrée où tout tombe en ruine,
Seul mon Idéal Blanc rayonne dans mon cœur !


## II


ALLEGRO.


Et c'est pourquoi je t'aime, ô ma très pâle amante,
D'autant plus pâle encor qu'ils sont noirs tes cheveux ;
Ta beauté lymphatique est conforme à mes vœux
Et suivant ta pâleur ma tendresse s'augmente.


Traînant dans ton peignoir de neige du matin
Ta maigreur sculpturale et ta marche indolente,
Tu résumes pour moi cette grâce dolente
De la fleur qui se fane et du son qui s'éteint.

Tout ton costume est blanc, et mon rêve d'artiste
Salue en exultant ton mouchoir de batiste
Comme un drapeau d'amour où se traîne un parfum.


Grâce à toi refleurit dans mon âme blasée
Mon rêve de foyer, mon beau rêve défunt,
Car ton peignoir ressemble aux robes d'épousée.


### III


ANDANTE.


C'en est fait de l'amour idéal, ce soleil
Qui laisse pour toujours au fond de la mémoire
Le triste souvenir, comme une tache noire,
A qui fixe un instant son fantôme vermeil.


Mieux que toi, fiancée insensible et railleuse,
Ironique soleil éteint qui m'aveuglas,
Ma pâle amante éclaire aujourd'hui mes yeux las
Et son âme a pour moi des douceurs de veilleuse.

C'est bien ce qu'il fallait pour un convalescent,
Car son amour ressemble à la lampe, glissant
A travers ses pâleurs d'albâtre un rayon sombre.


C'est ainsi que pour moi, quand je rêve à l'écart,
De son visage blanc se dégage dans l'ombre
Sous l'abat-jour des cils, le feu de son regard !




IV




MENUET




Voilà la symphonie en blanc qui s'accentue :
Les pâleurs du peignoir chantent sur ton beau corps ;
L'hermine du tapis, plaquant de gais accords,
Enroule sa musique à tes pieds de statue.


Le menuet s'avive, et des muguets tout blancs
Dont les bouquets mignons parent tes étagères,
Font tintinnabuler leurs clochettes légères
Dont le parfum s'envole en des rythmes troublants.

Soudain cette blancheur du boudoir se reflète
Comme un joli motif qu'on brode et qu'on répète —
Dans la limpidité de ton profond miroir.


Je pique alors dans tes cheveux que tu frisottes
Des fleurs — dans tes cheveux sombres comme le soir !
Toutes blanches, ces fleurs semblent des papillottes.


V


RONDO.


Enfin mon amour triste a vaincu son émoi :
Ses baisers, qui tantôt tombaient froids sur ma bouche
Pareils à des flocons que chasse un vent farouche,
Ne sont plus glacials en descendant sur moi.


Ces baisers abondants, parfumés, que j'adore,
Je les sens tournoyer dans la chambre et neiger,
Et mon caprice évoque un idéal verger
Où je serais couché dans des gloires d'aurore.

Quand je les sens ainsi tourbillonner longtemps,
Je crois être dans l'herbe au soleil du printemps,
Et je crois, dans l'élan de nos tendresses mièvres,


Que tous ces baisers chauds, fiévreux, ensorceleurs,
S'abattant sur mon front, sur mes yeux, sur mes lèvres
Ce sont les bouquets blancs d'un cerisier en fleurs !


## VI


### FINAL.


Quand je t'aurai longtemps aimée, ô ma maîtresse,
Quand j'aurai poursuivi mon œuvre et mon amour.
Je verrai dans la mort s'évanouir un jour
Mon double rêve ardent de gloire et de tendresse.


Mais j'irai volontiers m'endormir à jamais,
Si c'est par un matin d'hiver, plein de mystère,
Où la neige nocturne aura couvert la terre
Pour encor m'entourer des blancheurs que j'aimais.

Comme un berceau, la fosse où l'on mettra ma bière
Sera blanche, et les croix de bois, les croix de pierre
Me tendront leurs deux bras de givre — ressemblant


A des moines vêtus de frocs aux larges manches
Qui dans le vent de neige autour des tombes blanches
Psalmodieront le soir un Requiem en blanc !

# Soir familial

Les soirs d'hiver, la sœur fait un peu de musique
Et l'on se ressouvient des adorables jours
De l'enfance, où la chère avait des jupons courts
Elle qui joue et chante un Lied mélancolique.

Le père écoute, un livre en main, dans un fauteuil ;
La mère, en entendant dehors tousser la bise,
S'approche du foyer où la braise agonise
Et le chat les regarde en ouvrant son grand œil.

O soir familial ! on songe avec reproche
Qu'on les aime trop peu, que quand ils seront morts
Les bons parents vieillis — on aura des remords.


On se dit que l'hiver de deuil peut-être est proche
Où, triste, on n'aura plus que sa sœur seulement
Qui chantera toujours le même air allemand !

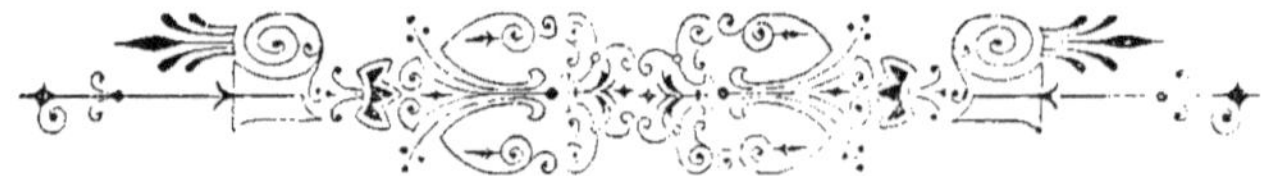

# Strophes blondes

A Paul Bourget.

## I

Ma très blonde, tes cheveux
Sont si blonds que tu réalises
La douceur, conforme à mes vœux,
Qu'ont les madones des églises.

Ils sont d'un fin, d'un moëlleux tel
Qu'on croirait, quand on les desserre,
Voir la chevelure au pastel
D'un ancien portrait mis sous verre.

O ma très blonde, je suis fou
De ta blondeur insaisissable
Où se détache un clair bijou
Comme une ancre d'or sur du sable.


Elle a son histoire d'amour
Ta riche toison merveilleuse,
Mais il faudrait un troubadour
Pour la chanter sous ta veilleuse.


Musicien aux doigts nerveux
Pinçant, par caprice bizarre,
Le rêve blond de tes cheveux
Comme des cordes de guitare !


II


O ma très blonde, à dix-sept ans
Captive d'un couvent morose
Quand tes grands yeux inquiétants
Étaient cernés par la chlorose.

Ta blondeur de miel éclairait
Ta robe noire d'uniforme
Où ta poitrine se cambrait
Dans un commencement de forme.


Tu prenais gaîment tes ébats
Sous les arbres des cours cloîtrées
Où l'horloge, comme un compas,
Ouvrait ses aiguilles dorées.


Dans le silence du dortoir
Et des alcôves endormies
Tu lisais lentement, le soir,
Les billets doux de tes amies ;


De ces ardentes qui t'aimaient
Avec de chauds baisers précoces
Et qui déjà ne s'endormaient
Qu'en songeant au jour de leurs noces.


Mais aucuns doigts n'avaient encor
Aucuns doigts experts en caresses
Dénoué tes longs cheveux d'or
Et fait un voile de tes tresses.

Tu les partageais en bandeaux
Avec l'exquise enjolivure
De nattes longues sur le dos :
C'était ta première coiffure.


Simple et chaste autour de ton front,
Nimbant les pâleurs lymphatiques,
Une coiffure comme en ont
Les vierges des missels gothiques !...


### III


Quand tu fréquentas les salons
Les bals, les fêtes, les soirées
Où les femmes ont des gants longs
Et de longues traînes moirées.


Métamorphosée à l'instant
Tu quittas, hardie et fêtée,
La robe à corsage montant
Pour la robe décolletée.

Et dans l'air du bal accablant
Qu'une odeur de musc féminise,
Tu passais comme un rêve blanc
Devant les glaces de Venise.


Et les valses des violons
Faisant leur musique câline,
Te berçaient dans leurs tourbillons
Comme un berceau de mousseline !


Tandis qu'un vieux coureur de bal,
Un vieux donneur de sérénade,
Te parlait de son idéal
Et de son pauvre cœur nomade.


T'offrant l'hommage instantané,
Séduit par ta fauve crinière,
D'un amour plus vite fané
Que la fleur de sa boutonnière !


Alors te voyant chaque soir
Avec des toilettes fleuries,
Près des galants en habit noir,
Il te vint des coquetteries ;

Et tu coupas un beau matin,
Un matin triste de l'automne,
Ta chevelure de satin,
Tes bandeaux lisses de madone.

En peignoir, devant la psyché
De la chambre où tu te pomponnes,
Tu les coupas, le corps penché,
En un tas de mèches friponnes.

Et ces frisures sur ton front
Évoquaient les grâces jumelles
De barbes d'épis tout en rond
Avec les bleuets des prunelles !

IV

Puis tu m'aimas ! ce fut l'instant
Du premier trouble triste et vague,
Des doigts pressés en prétextant
D'admirer un châton de bague.

Alors je te fis un sonnet,
Toi, tu me fis des confidences,
Et chaque soir, sur ton carnet,
Tu m'inscrivais pour plusieurs danses.


L'été dernier, dans un grand parc,
Devant le ciel couchant rougeâtre,
Sous les bosquets courbés en arc
Où s'aimaient des Amours de plâtre.


Tu m'as donn' — j'en rêve encor
Et je vois que toi, tu tressailles ! —
Une boucle de cheveux d'or
Comme un anneau de fiançailles.


## V


O ma très blonde, si tu veux
Qu'à tout jamais je t'appartienne,
Il suffit d'un de tes cheveux
Pour nouer ma vie à la tienne.

Si tu veux, madrigalisons !
Pour fêter ta blondeur que j'aime
Je n'ai pris des comparaisons
Qu'aux choses blondes du ciel même :

Quand je te vois en peignoir bleu
Comme une miss, frêle et rosée,
Tes mèches ressemblent un peu
A de la lumière frisée.

Quand je les prends dès ton réveil
J'ai cette croyance factice
Que c'est un rayon de soleil
Qu'au rouet de mes doigts je tisse.

O ma très blonde, écoute encor
Cette bizarre et tendre idée :
C'est qu'une étoile, cocon d'or,
Pour ton chignon s'est dévidée.

Puis il suffit que ta toison
Sur tes épaules, tu la mettes,
Pour m'évoquer à l'horizon
Les rayons peignés des comètes.

Dans ton alcôve échevelons
Tes cheveux d'or pâle et fluide,
Car plus ils sont soyeux et longs
Plus s'accroît mon amour morbide.


Et quand sur leur fond d'un blond roux
Qui s'élargit en auréole
Et s'enroule en brillants froufrous.
Sourit ta tête pâle et folle,


O ma très blonde, alors je crois
Par une nuit mélancolique
Voir un halo dans les cieux froids
Autour d'une Lune phthisique ! —

# Après le bal

A Georges Khnopff

Quand je rentre tout seul, après les soirs mondains,
Poursuivi du frisson des satins et des moires,
Les astres — trous des yeux dans des cagoules noires —
M'évoquent un convoi de pénitents lointains.

La nuit se fait aussi dans mon cœur ; la lumière
Des lanternes prolonge en moi le bal défunt,
Et j'aspire en rêvant le posthume parfum
Du gardénia blanc, mort à ma boutonnière.

Et tandis que le vent pleure aux angles des toits,
Je revois des profils, pleins de grâce éphémère,
En songeant que c'était comme une joie amère
De n'avoir de leurs corps que le bout de leurs doigts.


Moi qui voulais verser, comme une eau pure et neuve,
Ma parole abondante au vase blanc d'un cœur.
Je sens s'aigrir en moi la divine liqueur
Et mon âme filtrer sans qu'aucun s'en émeuve.


Je souffre que jamais l'aveu que je rêvais
N'ait volé d'une lèvre à la mienne, et qu'aucune
N'ait surgi tout à coup comme un beau clair de lune
Entre les arbres noirs de la route où je vais !

# Paysage de ville

A EMILE VERHAEREN

E soir, quand je m'en vais vers le faubourg voisin,
Je longe un quai très vieux aux gothiques façades,
Qui, par les jours d'automne embrumés et maussades,
M'apparaît, pittoresque et noir comme un fusain.

Les maisons qui sont là sont toutes très anciennes
Et même sembleraient closes depuis longtemps
Si l'on n'y voyait pas défaillir par instants,
La lueur d'une lampe à travers les persiennes.

Et dans le grand silence une rumeur de voix
Monte : c'est au lointain un retour d'écolières.
Et le long des pignons aux marches régulières.
On monte au pays d'or des choses d'autrefois.


La pierre se contourne en des fioritures
Où tout un ancien art défunt triomphe encor
Et, comme pour un peu rajeunir ce décor,
S'unit l'herbe vivante aux bouquets des sculptures.


Aux murs vertdegrisés, cartouches, écussons
Déjà presque effacés, redeviennent ébauches ;
Les satyres de pierre y cessent leurs débauches
Et la pluie a rongé leurs rires polissons.


On croirait voir sur les balcons la broderie
D'une mantille noire, et les toits sont couverts
D'ardoises où la mousse allume des tons verts
Et quelque girouette inconsolable y crie !


Au centre, un grand canal, et des bateaux au bord :
Les bateliers, le soir, y rapiécent leurs voiles ;
Et comme des poissons argentés, les étoiles
Ont des frissons sur l'eau calme du petit port.

Le courant fait le bruit du satin que l'on froisse
En venant se frotter aux arches du vieux pont.
Et les cloches, dans l'ombre où nul ne leur répond,
Ont tû leur chant d'airain aux clochers de paroisse.


Peu de passants et rien que la vague rumeur
D'un chariot lointain, là-bas, dans une rue :
Rien qu'une triste plainte incessamment décrue
Comme le souffle lent d'une ville qui meurt !

# Lit de dentelle

Un lit c'est une barque à la proue embellie
Par un tas d'ornements contournés et sculptés
Où pendent des rideaux de dentelle écartés
Avec de longs frissons de voiles qu'on déplie.

Et de même qu'après avoir défait l'anneau
De la chaîne qui tient la barque — elle dérive.
C'est la Réalité qui fuit comme une rive
Et l'on glisse au sommeil, tranquille comme une eau.

Bientôt le paysage autour de soi varie
Et le Rêve apparaît comme une île fleurie
Qu'un clair de lune semble encore enjoliver.


Sommeil, mort passagère ! Oh ! lorsque viendra l'heure
De mourir, ce sera si bon de dériver
Presque insensiblement — vers une île meilleure !

# Un peu de musique

A Ivan Gilkin

I

Du Chopin.

Chère, tu m'as joué l'autre soir du Chopin
Et cela m'évoquait les senteurs émanées
D'une chambre ancienne aux étoffes fanées
Dont la poussière aurait noirci le plafond peint.

Une chambre où jadis de royales phthisiques
Ont vécu, s'accoudant à de moëlleux coussins
Ou plaquant leur main pâle aux pâles clavecins
Pour mourir en jouant de très tristes musiques.

Les Nocturnes en deuil me racontaient tout bas
Que ces vierges ont fait leurs dernières sorties
En avril, dans un châle épais, à petits pas,


Quand leur visage avait la blancheur des hosties ;
Et quelquefois le thème initial, très doux,
Revenait m'obséder comme un accès de toux !




II


VALSES ALLEMANDES.


A ton balcon, le soir, les brises étouffées
Propageant les échos d'un orchestre lointain
Font froufrouter dans l'air les rythmes de satin
D'une valse allemande arrivant par bouffées.


Valse de Strauss qui chante un languissant adieu
D'amantes qu'on aurait anciennement chéries,
Partant au clair de lune en des barques fleuries
Avec des rames d'or sur le Danube bleu !

Valse de Strauss pareille à l'allée et venue
D'un lascif éventail sur une gorge nue
Dont le souffle s'accorde avec ses battements.


Valse d'amour qui semble un lac où se reflète
Le bercement rythmé d'un couple heureux d'amants
Bercés au vent du soir sur une escarpolette !


## III


### De Mozart.


Hier, dans ton peignoir de soie et de malines,
Sur la terrasse en fleur du parc seigneurial
Il te vint ce charmant caprice vespéral
D'agacer ma guitare avec tes mains câlines.


Les yeux vers le couchant, tu chantais au hasard
Des vers presque oubliés, d'indistinctes paroles
Où des papillons fous mouraient sur des corolles
Et le rythme était doux comme un air de Mozart !

Tout au loin, les corbeaux, en de longs vols funèbres,
Sur leurs ailes semblaient apporter des ténèbres
Mais un blanc clair de lune alanguissait le soir.


Tu laissas l'instrument, par un désir bizarre,
Et tu m'improvisas très longtemps, dans le noir,
En prenant les rayons de lune pour guitare !

# Les Traîneaux

ES traîneaux ! ils s'en vont le long des avenues
    Où, sous un ciel mat et changeant,
Les arbres dont la neige ourle les branches nues
    Semblent des chandeliers d'argent !


C'est le Longchamps d'hiver ! On se range à la file ;
    Le ciel devient un peu rosé ;
Et les traîneaux en foule arrivent de la ville
    Remplir le Bois poudrerizé.

Ils sont beaux les traîneaux tout reluisant de cuivre,
        Pareils aux châsses de couvent,
Avec leur luxe noir de peaux qui semblent vivre
        Et s'échevèlent dans le vent.


Les chevaux harnachés ont un plumet qui bouge :
        Ils sont superbes, les traîneaux !
On songe, en les voyant bariolés de rouge,
        Aux poupes peintes des canots.


Leur fouet, tel qu'un éclair qui serait noir, zigzague
        Et dans le Bois se rassemblant,
Ils vont faire jaillir au fond du brouillard vague
        Des éclaboussures de blanc !


Le ciel prend des aspects de mer houleuse et grise ;
        Des coins bleus y font des flots,
Et dans le grand silence où passe un chant de bise
        On entend sonner les grelots.


Et leur vibration métallique et dolente
        Comme un cliquetis d'encensoir
Évoque un tintement de procession lente
        Qui va s'éloignant dans le soir !...

# Vers pour les Femmes

EMMES, il vous suffit d'un rien, d'un ciel d'automne
Un peu pâle, un peu rose, à la fin d'un beau jour,
Il vous suffit d'un ciel vespéral qui moutonne,
Pour vous faire rêver d'idéal et d'amour
Femmes ! il vous suffit d'un rien, d'un ciel d'automne !

Sous le croissant courbé comme le bois d'un arc,
Il vous suffit d'un bruit mourant d'orgues lointaines
Qui vous vient dans le soir, comme du fond d'un parc
Viendrait un chant sonore et mouillé de fontaines,
Sous le croissant courbé comme le bois d'un arc.

Il vous suffit d'un rien à de certaines heures,
D'un air de votre enfance apporté par le vent,
Pour vous rendre soudain plus simples et meilleures,
Ainsi que vous l'étiez au sortir du couvent
Il vous suffit d'un rien à de certaines heures.


Il suffit de reprendre un roman préféré,
Où des bouts de ruban, dont la soie est déteinte,
Marquent le beau passage où vous aviez pleuré,
Lisant tard dans la nuit malgré l'heure qui tinte.
Il suffit de reprendre un roman préféré.


Pour que votre âme s'ouvre et soit illuminée,
Il suffit d'un bouquet d'œillets ou de lilas
Qui dans un vase meurt sur votre cheminée
Et dont vous respirez l'arôme d'un air las
Pour que votre âme s'ouvre et soit illuminée!


Oh! les couleurs! oh! la musique! oh! les parfums!
Dans les âmes les plus tristes, les plus fermées,
Ressuscitent par eux les beaux rêves défunts
Et l'espoir glorieux d'aimer et d'être aimées!
Oh! les couleurs! oh! la musique! oh! les parfums!

Heureux qui peut alors passer sous leur fenêtre !
Car dans cette langueur du soir attendrissant,
Elles lui souriront, sans même le connaître,
Comme au fiancé cher depuis longtemps absent...
Heureux qui peut alors passer sous leur fenêtre !

# Ballet



I

Quand le rideau rouge se lève
On est ravi par le décor :
Sur la toile du fond s'enlève
Un palais blanc sur un ciel d'or.

Dans un parc fleuri, sous les branches
Des palmiers aux vertes pâleurs,
Bruissent des cascades blanches
Comme des cérisiers en fleurs.

Et dans les lointains, des collines
— Que le brouillard complice est prompt
A juponner de mousselines —
Semblent déjà danser en rond.


II


Soudain les frêles ballerines
S'abattent dans un vol frileux
Et, comme un cadre à leurs poitrines,
S'échancrent les satins moëlleux.


Elles ont d'étroits maillots roses
Qui sont plus troublants que la chair ;
Et la pâleur de leurs chloroses
Sous le maquillage a bon air.


L'œil est grandi, la bouche saigne,
Et leurs cheveux blonds, noirs ou roux
Bien qu'ils soient groupés par un peigne,
Laissent des mèches dans leurs cous :

Ou bien noués en longues tresses
Que terminent des nœuds pimpants
Les enveloppent de caresses
Comme de mobiles serpents.


Dans un rythme aux vives cadences
Que soulignent les violons,
Voici qu'ont commencé leurs danses
Sur leurs souliers fins sans talons.


Elles s'agitent, triomphantes,
Avec des souplesses d'oiseau;
On voit sous les jupes bouffantes
Sortir leurs jambes en fuseau.


Dans la hardiesse des cambrures
Elles font, en se rengorgeant,
Tout un cliquetis de parures,
Toute une musique d'argent.


Se déhanchant à gauche, à droite
Leur corsage décolleté
Semble une coupe très étroite,
Un vase artistement sculpté

Où la chair blanche qui ballotte
A tous les mouvements du corps
Est comme une eau pure qui flotte
Et remplit la coupe à pleins bords !


III


Paraît la première danseuse :
Elle entame une mazurka,
Et la musique paresseuse
A des douceurs d'harmonica.


Elle obéit à la mesure
En pliant ses jarrets nerveux,
Et sous sa mignonne chaussure
Tombe la fleur de ses cheveux.


Elle a des poses indolentes,
Puis elle danse à pas menus
Arrondissant en courbes lentes
Comme pour jongler, ses bras nus.

Ranimant sa course assoupie
Elle se cambre en pivotant,
Puis tournant comme une toupie
S'immobilise en un instant.


Alors sa jupe en tarlatane
Figure un parasol ouvert
Dont son svelte corps est la canne
— Sous un feu de Bengale vert !


IV


Le corps de ballet recommence
Sa farandole aux souples nœuds ;
Les violons comme en démence
Grattent des airs vertigineux.


La bande court, bondit ou rampe,
Sinueuse comme un sentier ;
Puis on lorgne devant la rampe
Le corps de ballet tout entier.

Elles y font des pirouettes
Tournant par ici, puis par là,
Comme de fines girouettes
Sur des toitures de villa.


Elles sont là toutes, groupées,
Dansant et sautant avec art
Et sur leurs faces de poupées
La sueur emperle le fard.


Dans leur zigzaguement fantasque,
Levant les bras, leurs doigts ont l'air
De frapper des tambours de basque
Qui sont invisibles dans l'air.


Leurs jupes blanches, roses, bleues
Quand on les voit danser en rond
Se relèvent comme les queues
D'énormes paons sur un perron.


Soudain au centre de la scène
Elles agencent leurs essaims
Dans une apothéose obscène
Où s'entrevoit le creux des seins.

Et les danseuses étalées
Évoquent langoureusement
Un massif de grands azalées
Au clair de lune s'endormant !

# Soir d'idéal

A Léon Cladel.

Ah ! je voudrais pouvoir vivre comme les forts,
De la foi dans mon Art me faisant une armure,
Loin du monde, attendant que mon œuvre fût mûre,
Et lui soufflant mon âme en d'incessants efforts.

Dans ma chambre, le bruit de la verdure morte
Par la fenêtre ouverte arriverait vers moi,
Si doux qu'il semblerait pour mon cœur en émoi
Le froufrou d'une robe au seuil noir de ma porte.

4.

Car maintenant je songe, après les maux soufferts :
Le meilleur c'est encor de trouver un beau vers
Comme un diamant noir dans les flancs de son âme.


Je me dis que l'Orgueil console de la femme
Ce pendant que ma lampe, en ce calme profond,
A formé comme un grand clair de lune au plafond !

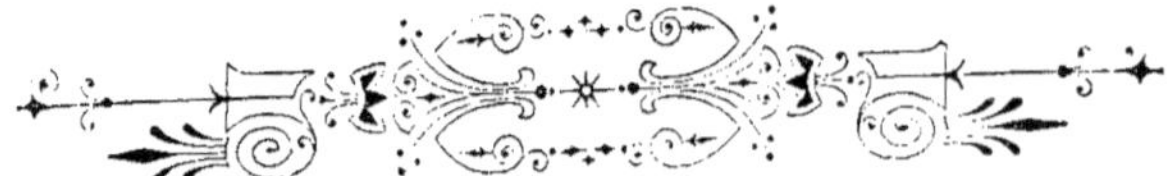

# Les Jardins publics

Les jardins publics sont tristes, l'hiver :
Au ras des bassins le vent met des moires,
Et sur le gazon qui reste un peu vert
Les parcs dégarnis font des taches noires.

Les arbres perdus dans l'air brouillardeux
Semblent se dissoudre en vagues fumées :
Il a fui le temps où vont deux à deux
Les pâles amants et leurs bien-aimées.

Il a fui le temps ! Le feuillage mort
Semble encor revivre au long des allées
Comme pour courir dans le vent du Nord
Chercher tout au loin les fleurs en allées.


Des gaines de paille enveloppent d'or
Les Amours, les Sphinx, les Vénus, les Faunes :
On dirait au fond du parc où tout dort
Des tombeaux couverts d'immortelles jaunes.


Parfois le dimanche, au soleil tombant,
Une femme en deuil, après les complies,
S'y promène un peu, s'assied sur un banc
Afin d'alanguir ses mélancolies.


Au bout des jardins s'élance un jet d'eau
Parmi les brouillards, parmi les bruines,
Comme une colonne à blanc chapiteau
Seul fragment debout d'un temple en ruines !

# Idylle de Sopha

À Max Waller

---

I

Il y a bal ce soir, et d'un geste élégant
Elle arrondit son bras pour boutonner son gant
Et s'apprête à partir, d'un air las et morose.
Pourtant elle est charmante avec sa robe rose !
Mais c'est en vain qu'elle a brillé dans les salons
Et rouvert comme une aile au chant des violons
Son espoir douloureux d'aimer et d'être aimée.
Hélas ! jusqu'à présent pas un ne l'a nommée
Avec le tremblement des aveux dans la voix.
Où donc s'en sont allés ses rêves d'autrefois
Quand sa jeunesse était comme un port plein de voiles !

Il fait morne ; le ciel d'hiver est sans étoiles ;
Le fiacre dans la boue avance lourdement
Et chaque réverbère allume par moment
Sur les carreaux levés un feu de clarté crue ;
Tandis qu'elle compare à ce noir de la rue
La morne obscurité de son cœur où ne luit
Qu'un caprice de temps en temps — comme la nuit
Ces tristes becs de gaz piquent seuls les ténèbres
Tels que des fleurs de feu dans des crêpes funèbres !

## II

Et tout en s'en allant, elle songe en son coin :
Le jour du premier bal, comme il est déjà loin !
Elle avait une robe en tarlatane blanche,
Et dans ses fins cheveux ondulés une branche
De lilas blancs venus de Nice, et se troublait
Devant l'armoire à glace où sa blancheur tremblait —
De se voir les bras nus et les épaules nues.

O les premiers émois ! les pudeurs ingénues,
Les baisers au départ à ses plus jeunes sœurs.
La crainte que l'on a de manquer de danseurs
Ou de faire un faux pas en marchant sur sa traîne !
Et lorsque tout à coup la valse vous entraîne.

Quand, plus alanguissant qu'un souffle de l'été,
Son beau rythme à travers les salons a chanté,
Vous berce et vous énerve aux frissons de la danse.
Quelle joie à sentir dans la molle cadence
Comme un roulis mondain sur un flot musical !


Alors elle marquait sur son carnet de bal
Les noms de ses danseurs pour chaque soir de fête.
Mais aujourd'hui tout est fini, l'ombre s'est faite,
Et son printemps ressemble à ces vergers fleuris
Qu'en leurs gloires d'avril la gelée a surpris !


### III


Pourtant elle est exquise en allant dans le monde :
Son teint paraît fardé d'aurore ; elle est si blonde
Que ses cheveux ont l'air d'une ruche au soleil.
Et c'est pour tous, au bal, un charme sans pareil
— Que double le plaisir raffiné du flirtage —
D'affriander leurs yeux par le décolletage
De sa robe qui semble une corbeille, offrant
Ses beaux seins recouverts d'un tulle transparent
Comme des fruits nouveaux dans du papier de soie !

Et partout on l'invite, on la fête, on la choie !
Mais pas un seul ne songe à l'épouser, pas un,
Et sans cueillir la fleur, on se borne au parfum ;
Car puisqu'elle est sans dot aucun n'a la pensée
De lui glisser au doigt l'anneau de fiancée !


Ainsi d'un elzévir qui va de main en main
Et dont la reliure est toute en parchemin,
Avec de délicats fleurons, des culs de lampe ;
Chacun lit un passage ou regarde une estampe
Admirant le format et le texte d'amour,
Mais personne, en ayant ce cher livre à son tour,
Ne songe à l'acquérir comme un rare exemplaire !


Pourtant vous qui menez, quand la journée est claire,
Au Bois vos coupés bleus et vos chevaux pur-sang,
Vous que tourmente encor un Idéal absent,
Vous seriez bien heureux de la prendre pour femme.
Car c'est d'un pareil corps et c'est d'une telle âme
Qu'il convient de tirer les âmes de vos fils.
Et vous en seriez fiers quand sa pâleur de lis
S'effilant sur la rouge obscurité des loges
Au théâtre, soudain une rumeur d'éloges
Traversant la musique adviendrait jusqu'à vous
Comme un frisson de flots très dolent et très doux
Monterait de la mer vers un beau clair de lune !

## IV

Elle est triste ce soir ; la danse l'importune.
Elle s'en va s'asseoir dans un petit salon
Avec son cavalier tout jeune, pâle et blond.
On entend, comme au loin, le tumulte des danses
Et c'est vraiment propice aux tendres confidences
Tous ces boudoirs mignons pomponnés avec art.
Ils sont seuls maintenant : ils causent, à l'écart ;
Et sur un guéridon meurent des tas de roses,
Et les lampes, rêvant sous leurs abat-jour roses,
Semblent fermer leur œil de feu pour ne pas voir.
La cheminée a des splendeurs de reposoir
Avec les bibelots dorés dont elle est pleine,
Et le tapis, piqué de rouges fleurs de laine,
Est tiède et doux aux pieds comme une herbe d'été.


Le jeune homme est très pâle ; il a tant souhaité
Qu'un tel moment d'amour vînt enflammer sa vie ;
Car depuis très longtemps il l'aime, il l'a suivie,
Et rien qu'à respirer l'odeur de ses cheveux
Il entend à présent tout un essaim d'aveux
Bourdonner dans son cœur comme dans une ruche.
La causeuse leur fait un cadre de peluche
Et tandis qu'il lui parle, en ce royal décor,
Elle, dans le miroir, le voit plus pâle encor !

Il est jeune, encor presque un enfant : c'est folie
Bien qu'elle ait de l'esprit et qu'elle soit jolie.
De croire qu'il pourra l'épouser, qu'il ira
Dans des sentiers plus verts qu'un jardin d'opéra
Lui chuchotant l'amour quand le soleil se couche.
C'est folie ! et pourtant son pur amour la touche :
Elle écoute ; il lui parle avec tant de douceur ;
Il l'aime, elle est pour lui comme une grande sœur ;
Si mollement vers eux arrive la musique,
Et pour exaspérer leur extase physique
Si machinalement leurs doigts se sont heurtés
Sur l'éventail aux plis de satin tuyautés
Où des bergers Watteau sont conseillers d'étreintes
Avec l'exemple exquis de leurs caresses peintes,
Si troublants sont les bruits, les parfums, les couleurs.
Les rayons balayés par les jupes à fleurs
Qu'en plein bal, s'arrachant à sa tristesse ancienne,
Elle laisse appuyer sa bouche sur la sienne
Et tandis qu'il l'embrasse, en ce royal décor,
Elle, dans le miroir, le voit plus pâle encor !

# Chapeau rose

u ! le joli chapeau tout rose — de bergère,
Guirlande de printemps nouant votre chignon !
C'est un chapeau Watteau pittoresque et mignon
Comme on en voit parfois aux Sèvres d'étagère.

Avec ses bords très grands que la mode exagère
Il aurait fait fureur jadis à Trianon,
Quoique simple, sans fleurs, sans ornements, sinon
Quelques nœuds de satin sur la paille légère.

Et quand tombent sur lui mes yeux extasiés,
Je songe qu'au milieu de l'été les rosiers
Cessent d'être charmants quand on cueille leurs roses,


Tandis que vous, rosier d'amour, vous, vous restez
Aussi jolie, aussi fraîche, quand vous ôtez
Ce chapeau pavoisé d'un tas de rubans roses !

# Souliers mordorés

J'adore vos souliers, vos petits souliers bas
Que n'a jamais tachés le contact de la boue :
Selon la mode, ils sont pointus comme une proue
De barque, et de talons ils n'en ont presque pas.

On voit sur ces souliers, à chacun de vos pas,
Frémir, comme une fleur, le ruban qui les noue ;
Et quand dans vos jupons le vent s'engouffre et joue,
On peut même savoir la couleur de vos bas.

Vos souliers mordorés, ils sont d'une souplesse
De gants, moulant vos pieds et chatoyant sans cesse
Comme un cou de pigeon aux moires de carmin.


Et si doux est le bruit craquant de vos semelles
Qu'elles semblent, battant et faisant leur chemin,
Le dialogue d'or de deux rimes jumelles !...

# Paire de gants

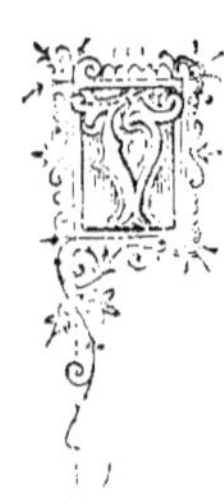Ous portez des gants longs, très longs, à dix boutons.
Jaunes, couleur de lune, et gris, couleur de houle.
Que vous gardez, malgré les modes de la foule,
De la même longueur et dans les mêmes tons.

On voit saillir ainsi vos bagues à châtons ;
Et le long de vos bras que la peau des gants moule
Un tas de bracelets et de serpents s'enroule
Comme des bouts de vers autour des mirlitons.

C'est que vous en aviez de tels, lorsqu'en soirée
Pour la première fois je vous ai rencontrée ;
Et ceux que vous portiez alors — dès le matin


Vous les avez cachés dans un coffret d'ébène
Comme on met deux jumeaux qui n'ont vécu qu'à peine
Dans un petit cercueil d'ouate et de satin !

# Transposition

E papillon inconsistant
Saupoudré d'or et d'étincelles
Qu'on croit voir fondre à chaque instant
N'est que le rêve de deux ailes.

L'amour qui sait subtiliser
Les plus chastes, les plus farouches,
Dans l'enivrement du baiser
N'est que le rêve de deux bouches !

# Les rendez-vous

A Octave Maus.

I

EFFET DE NEIGE.

E jour du premier rendez-vous
Il tombait la première neige :
Comme le sable d'un manège
Tourbillonnaient les flocons fous.

Où j'avais promis de me rendre
C'était un calme et grand jardin
Un jardin public très lointain
Où nul ne viendrait nous surprendre.

Le froid me piquait à la peau,
Mais j'étais là bien avant l'heure,
Et je songeais qu'en sa demeure
Elle allait mettre son chapeau.


La neige de l'hiver précoce
Sur les chemins noirs blanchissait,
Et le parc désert paraissait
En blanc — comme pour une noce.


Le ciel avait des airs souffrants :
Mais sous les maigres branches d'arbre
Souriaient des bustes de marbre
Comme un cortége de parents.


Sur les gazons, les feuilles mortes
Semblaient des gants blancs oubliés ;
Mais guettant le bruit de ses pieds
Je ne regardais que les portes.


Et gai, malgré le vent frileux,
Je me disais, dans l'avenue,
Que je mettrais dès sa venue
Ma main dans son manchon moëlleux.

Et sur les blancheurs nuptiales
Du parc neigeux où je rôdais,
Du bout de mon pied, je brodais
Ses deux chères initiales !...


## II


### LE MISSEL.


C'est bien méchant ! c'est bien cruel.
Elle m'avait fait la promesse
De voler le temps d'une messe...
Nous lirions à deux son missel.


Elle viendrait, la demoiselle,
Le temps de s'embrasser un peu
En demandant pardon à Dieu,
Et l'on n'en saurait rien chez elle.


J'étais d'abord alerte et gai
Croyant toujours la voir paraître,
Et j'avais l'air gêné d'un traître
En l'attendant au coin du quai.

Au loin les équipages riches
Passaient avec leur cheval blanc.
Tandis que je faisais semblant
De parcourir un tas d'affiches.


C'est bien méchant! c'est bien cruel,
Car, infidèle à sa promesse,
Elle s'est rendue à la messe
Pour lire seule son missel!...


### III


#### RAFFINEMENTS.


O ma très pâle, ma chérie,
Toi qui remplis mon horizon —
Suivant ton luxe et la saison
Mon sentiment pour toi varie.


Et d'abord je t'aime bien plus
Dans le printemps qui nous fascine;
Mon amour y reprend racine
Comme au bon temps où tu me plus.

Puis mon caprice se révèle
Plus fort, plus nouveau, chaque fois
Qu'à nos rendez-vous je te vois
Avec une robe nouvelle.


Ainsi se trouve contenté
Par ton élégance magique
Mon double désir nostalgique
D'habitude et de nouveauté.


Puisque tu m'apparais, ô mienne.
Avec ce charme captivant
D'être une autre femme arrivant
Qui ressemblerait à l'ancienne !...


IV


UN THÉ.


T'en souvient-il, quand tu venais
Chez moi, les soirs froids de décembre,
Mon grand abat-jour japonais
Originalisait ma chambre.

Et bigarré comme un crépon,
Malgré le vent d'hiver tragique,
Mon bel abat-jour du Japon
Montrait sa lanterne magique.


Comme c'était doux ! on s'aimait
Dans une lente causerie,
Et le thé, couleur d'or, fumait
Dans la porcelaine fleurie.


A l'ombre, sur un guéridon,
Défaillaient des roses phthisiques
Et toi, charmante d'abandon,
Tu jouais de douces musiques.


En t'écoutant, moi j'allais vers
Une encoignure choisir l'une
Ou l'autre plaquette de vers,
Sur papier fin, couleur de lune.


Ce n'étaient que de légers ciels
Comme on les peint à l'aquarelle,
Et qu'oiseaux artificiels
Filant des sons de chanterelle.

Nous ne songions plus à l'hiver
Avril naissait.., c'était l'idylle...
Et laissant le livre entr'ouvert
L'illusion était subtile...


Si bien que mes carreaux gelés
Pendant ces heures favorites,
Nous semblaient des parcs étoilés
De printanières marguerites !...


V


TRAHISON.


Encor l'envolement d'un rêve
Qui va dans le néant où vont
Les belles bulles de savon
Qu'un coup de vent éteint et crève !


En moi s'était insinué
Ce paradoxe que l'absence
Donnait une recrudescence
Au vieil amour diminué.

Mais quelques jours passés loin d'elle
Ont aboli ses serments d'hier
Et maintenant ma vie a l'air
D'un ciel d'avril sans hirondelle.


Oh ! le bon temps des premiers soirs
Des rendez-vous en pleine rue
Quand ma tendresse était accrue
Par un baiser sur ses gants noirs.


Le temps où nous faisions sans cesse
Des marivaudages d'enfants !
Dans sa robe à paniers bouffants
On aurait dit une princesse.


Hélas ! voici qu'elle a déjà
Donné son cœur, sans m'en rien dire.
A quelque autre que son sourire
Mélancolique encouragea.


Toutes ses lettres réunies
Où dort un parfum pénétrant,
Je viens de les lire en pleurant
Mais ces choses sont bien finies...

Au lieu du festin amoureux
Que j'aurais servi pour lui plaire,
Elle a préféré de l'eau claire
Et rester le cœur vide et creux.


C'est encor une piste fausse,
Encor beaucoup de temps perdu,
Encor un tableau dépendu,
Encor un espoir dans la fosse.


Encor d'inutiles amours
Car le sourd destin qui me leurre
M'a répondu : Jamais ! à l'heure
Où mes lèvres disaient : Toujours !

# Salut de Noël

———

Comme c'était Noël aujourd'hui, j'ai voulu
    Dans la tristesse vespérale,
Aller entendre un peu la musique au Salut
    De la très vieille cathédrale.

Un salut solennel : aux flancs des piliers lourds
    Flambaient des torchères de cuivre
Et les saints, qu'on eût dit habillés de velours,
    Dans les verrières semblaient vivre.

Ces vitraux enflammés de couleurs, par moments,
        Rappelaient les enluminures
Des gothiques missels, des missels allemands
        Pleins d'anges bleus sous des ramures.


Sur la cire flambante on voyait par milliers
        Pour éblouir les yeux et l'âme
Des lueurs ressemblant, au bout des chandeliers,
        A des camélias de flamme !


Les orgues soutenaient d'un chant plein de langueur
        Avec d'ineffables sourdines,
La voix des soprani psalmodiant en chœur
        Les saintes prières latines.


La harpe accompagnait avec les violons
        De vieux noëls du moyen-âge,
Et les enfants de chœur, coiffés de cheveux blonds.
        Suivaient le prêtre comme un mage.


Pâle, il officiait dans l'or de son manteau
        Aussi brodé qu'une bannière,
Et les grands encensoirs, pareils à des jets d'eau,
        Montaient tout blancs dans la lumière !

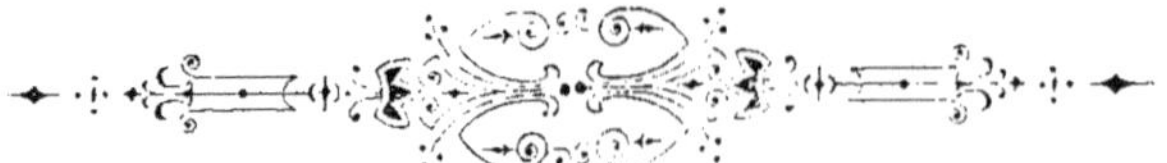

# Un Watteau

A Albert Giraud

E ciel du soir semble fardé
Tant il est rose ! et se déploie
Comme un velarium de soie
Sur le jardin enguirlandé.

Et tout là-bas, sous les tonnelles,
De belles dames, d'un air las,
Tenant leur jupe à falbalas
Ont du soleil dans les prunelles.

Et de petits Amours coquets
Epars à l'horizon bleuâtre,
Avec d'exquis gestes de plâtre
Les appellent dans les bosquets.


A l'avant-plan, Pierrot lunaire
En costume de carnaval
Provoque Arlequin, son rival.
Pour une injure imaginaire.


Comme un serpent colorié
Arlequin bouge, glisse, ondule ;
Pierrot, dans sa fraise de tulle,
Prend son fleuret apparié.


Et sous les clairs nuages roses
A lieu le duel non hasardeux
Car ils ont moucheté tous deux
Leurs fleurets d'or avec des roses !

# Crépuscule des rues

---

'EST une heure très délicate
Que quatre heures du soir, l'hiver ;
Le ciel a des couleurs d'agate
Allant du ton rose au ton vert.

Un deuil descend le long des rues
Avec du jaune sur du noir,
Et parmi les ombres accrues
S'avance le convoi du soir.

Convoi lugubre ! Les ténèbres
Aux réverbères s'allumant
Ont noué des crêpes funèbres
Pour ce royal enterrement.


Il semble qu'on porte un cadavre
Dans les horizons esseulés,
Et le bruit des chariots navre
Comme un son de tambours voilés.


Et des paroisses les plus proches
Arrive, à travers l'air glacé,
Le De Profundis de leurs cloches
Pour le grand soleil trépassé ! —

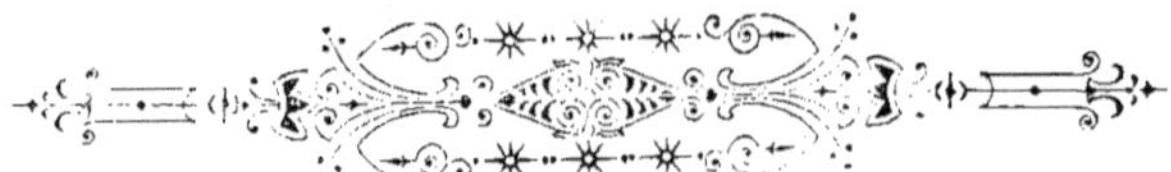

# Marchés aux Fleurs

UAND les roses gaîtés d'avril sont reparues
La ville s'endimanche et les Marchés aux fleurs.
Mettant sur les pavés leur gloire de couleurs,
Sont comme la toilette odorante des rues.

Les premiers papillons animent ce réveil :
Dans leur costume d'or couvert de broderies,
Ils portent un message aux puissances fleuries,
Ambassadeurs venus de la part du Soleil !

C'est charmant et joyeux ces vitrines roulantes
Dont le feuillage vert flambe dans le matin ;
Et le long des trottoirs s'improvise un jardin
Où chuchote en tremblant tout un peuple de plantes :


Des touffes de lilas au parfum violent,
Puis du muguet à peine ouvert dont les branchettes
Imitent un hochet en argent à clochettes,
Et des rosiers dans leur faux-col en papier blanc.


Les jacinthes, avec des attitudes mièvres,
Quand leurs épis de fleurs ont été arrosés,
Ont des tons délicats, indécis et rosés
Comme les bibelots de vieux Saxe ou de Sèvres.


Quelques myosotis ouvrent là-bas leurs yeux
Et les camélias dont la fleur se maquille
Montrent leur beauté rouge auprès de la jonquille
Jaune comme un gant paille en un coffret soyeux.


Et pour que tous en aient, tant que la saison dure,
Tant que les chauds rayons ne se sont pas dissous,
C'est le petit bouquet populaire à deux sous
Serti comme un bijou dans un brin de verdure ;

Violettes d'avril qui disent : « Prenez moi !
Fleurissez-vous ! ornez de fleurs vos boutonnières !... »
Et l'on cède à l'appel de ces voix matinières
Et chacun porte un peu de ce printemps sur soi !


Les mondaines, afin d'en embellir leur chambre
Et d'en sentir l'intime odeur dans leur boudoir,
Sont là toutes, cherchant devant chaque comptoir
Un de ces fins pastels vivants, d'azur ou d'ambre.


Car c'est si bon, les fleurs ! Partout, dans les salons,
Sur chaque cheminée, au coin des étagères,
Dans des vases de cuivre ou des coupes légères
Loin du jardin natal d'où nous les exilons,


Elles vont devenir pour un jour nos amies
Et vivre près de nous leurs suprêmes moments,
Et nous, nous serons doux, affectueux, aimants,
Soulageant d'un peu d'eau leurs lentes agonies !

# Pèlerinage d'amour

E soir dans les lointains dolents
   Quand le soleil rouge surnage,
   Je m'en vais faire à pas très lents
   Un amoureux pèlerinage.

Je vais devant chaque maison
Où m'épiaient des bien-aimées
Dans ma prime et tendre saison,
Mais leurs persiennes sont fermées.

C'est un souci poignant que j'ai
De rêver seul devant leur porte.
Hélas ! comme tout a changé :
L'une est partie et l'autre est morte.


Ce ne sont plus ces rideaux blancs
Tenus par des embrasses roses
Que soulevaient leurs doigts tremblants...
J'y vois se faner d'autres roses.


Jadis — est-ce que j'ai rêvé ? —
J'y pouvais toujours reconnaître
Mon petit bouquet conservé
Dans une coupe, à leur fenêtre.


Elles venaient m'ouvrir parfois
Dans un blanc peignoir en dentelles.
Les mêmes seuils, je les revois ;
Mais les amantes, où sont-elles ?


Et ma pensée, obstinément,
Va cogner ses rêves aux vitres
Dans un morbide envolement
Comme un insecte ses élytres.

Je voudrais y rentrer, revoir
L'ancien papier bleu pâle ou mauve,
Et pénétrant dans le boudoir
Baiser la place où fût l'alcôve.


C'est dans cette maison-là, c'est
Sur ce balcon en pierres blanches
Que nous avons lu du Musset
L'été dernier, tous les dimanches.


Je retrouve encor dans un coin
Le piano de palissandre...
Oh ! combien ces choses sont loin
Et quel souterrain à descendre !


Quel lugubre Chemin de Croix
Aux stations désespérées
Devant mes amours d'autrefois
Je fais par les tristes soirées.


Je vais devant tous ces logis
Où ma tendresse persévère,
Et mes souvenirs sont rougis
Comme les pentes d'un Calvaire.

Quand donc me rafraîchiras-tu
Comme une sainte Véronique
Au voile blanc de ta vertu,
O toi, ma vierge! mon unique!

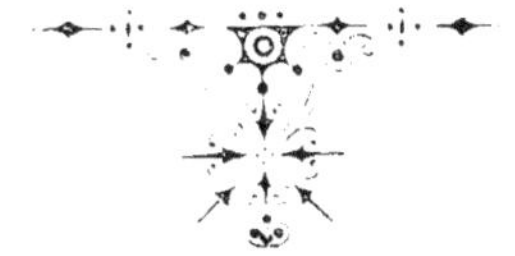

# Nostalgie

---

Je vis seul, toujours seul, et désespérément !
Et tout ce carnaval de femmes évoquées
Qui dans ma strophe noire ont ri, se sont masquées.
Je n'ai jamais été qu'à peine leur amant.


Car mes yeux ont gardé leur nostalgie ancienne,
Je reste ton fervent, amour familial !
Et meurs de ne pas voir un voile lilial
M'apporter des blancheurs de vierge dans la sienne !

O ma chair solitaire et dolente! O mon sang
Qui voudrait s'épancher dans un fantôme absent
Pour nous éterniser tous deux dans un autre être.


O vivre sans foyer! quels frissons! quel émoi,
Car ma postérité captive au fond de moi
Me tourmente sans cesse et me demande à naître!

# Voyage de noce

A Emile Van Mons

N wagon, dans un coin moëlleux de velours rouge,
Côte à côte ils sont là, les nouveaux épousés,
Et, le regard perdu dans l'horizon qui bouge,
Savourent la douceur de leurs premiers baisers.

Elle a, pour le voyage, une toilette grise,
Et la portière, à droite, étant ouverte un peu,
Elle sent par moments des caresses de brise
Et comme dans le ciel, dans leurs cœurs tout est bleu.

Elle ôte un de ses gants trop étroits qui la gêne
Maintenant qu'elle porte une alliance d'or ;
Et lui, pour retarder la fin du jour prochaine,
Regarde dans ses yeux le soleil qui s'endort.


Il prend sa main qui tremble, il l'embrasse, il l'attire,
Il lui parle du jour de leurs premiers aveux
Et, tout émus, leurs fronts rapprochés, sans rien dire,
Ils laissent tendrement se mêler leurs cheveux.


Le train roule à travers la campagne fleurie,
Tout est doux, tout est calme, immobile et charmant
Et le train dans le soir berce leur rêverie
De son voluptueux et vague bercement.


Elle croit être encor en blanc, avec un voile
Dont machinalement elle cherche les plis,
En regardant au ciel une première étoile
Qui vient de naître et qui se penche comme un lis.


Et lui voit repasser, comme un très ancien songe,
Les amours inquiets de sa jeunesse ; il sent
Que tout cela n'était qu'erreur et que mensonge
Et sourit au soleil comme un convalescent.

Le reposant aspect de ce grand paysage
Descend en lui; son cœur s'élargit tout à coup;
Et ses baisers se font plus doux sur son visage
Et ses baisers se font plus tendres dans son cou.


Et toujours le train tord sa fumée en écharpes
Et les souffles du soir font frissonner dans l'air
Les fils du télégraphe ainsi qu'un chœur de harpes
Et c'est vague et tremblé comme un chant de Weber !


Tout là-bas, le couchant mélancolique arrose
De ses rayons, les champs, les grands bois, les clochers.
Et l'on croit voir tomber une eau qui serait rose
Sur les hameaux lointains, vaguement ébauchés.


Tout est doux, tout est calme, immobile et placide !
La campagne s'endort aux bras noirs de la Nuit,
Et la virginité du printemps coïncide
Avec leur amour neuf et tendre comme lui.


Et plus languissamment la femme s'abandonne
Dans ce bercement doux du wagon endormeur
Et, pâle, elle regarde au loin d'un œil atone
S'agrandir dans le ciel le geste d'un semeur.

Puis soudain, elle sent dans une étreinte molle
Les lèvres de celui qu'elle aime se poser
Sur sa bouche, et soudain se tait, car la parole
Est une aile qui fuit l'aile en feu du baiser.


Et tous deux ont alors cette impossible envie
D'éterniser cette heure et cet enivrement
Pour voyager ainsi jusqu'au bout de leur vie
Tandis que tout est calme, immobile et charmant !

# Teintes Fanées

A très chère, le soir, tandis que tu tressailles
En me parlant en rêve avec ta douce voix,
Mon âme aussi t'évoque et je songe parfois
Qu'il est fini pour nous le temps des fiançailles !

Je songe que plus tard si je te possédais,
C'est dans une villa tout en fleur, sur la digue,
Que je te conduirais par une nuit prodigue
D'astres — qui broderaient tout le ciel comme un dais.

Cachant sous l'oranger ta chevelure brune,
Tout serait blanc sur toi : ta robe, tes souliers,
Ton voile retombant en longs plis réguliers,
Si bien que tu luirais comme un beau clair de lune !


Pour chambre nuptiale, un très petit boudoir
Un boudoir dans le goût des marquises anciennes
Dont j'aurais pris bien soin de fermer les persiennes
Pour qu'il fût plein d'un jour sombre comme le soir.


Au bord d'un guéridon d'ébène, une veilleuse
Qui soudain dans l'albâtre ouvrirait son œil d'or,
Assez pour doucement éclairer le décor
Qui devrait encadrer cette nuit merveilleuse.


Le boudoir, il serait selon mes goûts; des tas
De poufs et de sophas dans des teintes fanées :
Feuille-morte, bleu pâle, étoffes surannées
Où dans l'ombre mourraient des fleurs de taffetas.


Rien de rouge, rien de criard, rien d'excentrique !
Et tous les tons pâlis de ce boudoir discret
Ton long costume blanc les harmoniserait
Comme fait un foyer de lumière électrique.

Sur un fond de papier mauve, lamé d'argent,
Quelques bouquets noués par des faveurs déteintes,
Pour ne pas éblouir nos prunelles éteintes
Quand nous les compterions d'un regard négligent.


Des rideaux très épais, très plissés, couleur d'ambre,
Répandraient des tiédeurs d'alcôve autour de nous,
Et des tas de coussins voluptueux et mous
Mettraient comme des coins de mousse dans la chambre.


Pour dissiper la fade odeur de renfermé
Ni sachet capiteux ni senteur violente,
Mais un parfum très doux montant d'une aile lente
Vers le plafond gris-perle ainsi qu'un ciel de mai.


Sur un bahut — tout en biscuit, — une pendule
Comme un ostensoir blanc sur un petit autel,
Et vis-à-vis, un frêle et vaporeux pastel :
Des Nymphes tournoyant au fond d'un crépuscule !


Voyant ainsi mes goûts mignards et raffinés
Transfigurer cette heure où ton corps s'abandonne.
J'ouvrirais tout à coup la fenêtre qui donne
Sur la digue, pour voir les flots illuminés.

Toi, pour exaspérer cette ivresse physique
Dont la nuit et l'amour rempliraient nos deux cœurs,
Tu me jouerais alors, avec tes doigts vainqueurs,
Une très maladive et très triste musique :

Quelque Nocturne en pleurs de Chopin, du Weber
Vague comme un soupir dans l'ennui des absences,
Mais ton jeu langoureux aurait des réticences
Pour que le piano laissât chanter la mer.

Et dans l'enivrement de ces rythmes funèbres
Ce serait mon bonheur le plus grand, le plus fou
De te brûler alors d'un baiser dans le cou
Et soudain de mourir tous deux dans les ténèbres !

# TABLE

ACHEVÉ D'IMPRIMER

le 22 mars 1884,

PAR A. LEFÈVRE, A BRUXELLES

POUR

Henry KISTEMAECKERS, Editeur

à Bruxelles.

NOUS PRÉPARONS

dans cette collection :

# LES NÉVROPATHES

PAR

Ch. M. FLOR O'SQUARR

illustré

de 5 EAUX-FORTES par GERVEX

* * *

# LES KERMESSES

PAR

GEORGES EEKHOUD

avec de nombreuses illustrations

par Frans VAN KUYCK

AVIS. — *Cette nouvelle collection se composera
de DIX volumes.*